DEN VIKTIGA GRÖNSAKSKOOKBOKEN

100 gröna recept för att berika dina rätter och 100 tillfredsställande sätt att äta mer grönsaker

Freja Olsson

Alla rättigheter förbehållna.

varning

Informationen i den här e-boken är avsedd att fungera som en omfattande samling av strategier som författaren till den här e-boken har forskat om. Sammanfattningar, strategier, tips och tricks är endast rekommendationer från författaren, och att läsa den här e-boken garanterar inte att ens resultat exakt speglar författarens resultat. Författaren till e-boken har gjort alla rimliga ansträngningar för att tillhandahålla aktuell och korrekt information till e-bokens läsare. Författaren och dess medarbetare kommer inte att hållas ansvariga för eventuella oavsiktliga fel eller utelämnanden som kan hittas. Materialet i e-boken kan innehålla information från tredje part. Tredjepartsmaterial omfattar åsikter som uttrycks av deras ägare. Som sådan tar e-bokens författare inget ansvar eller ansvar för material eller åsikter från tredje part.

E-boken är copyright © 2022 med alla rättigheter förbehållna. Det är olagligt att omdistribuera, kopiera eller skapa härledda verk från denna e-bok helt eller delvis. Inga delar av denna rapport får reproduceras eller återsändas i någon form reproduceras eller återsändas i någon form utan skriftligt uttryckt och undertecknat tillstånd från författaren.

INNEHÅLLSFÖRTECKNING

INNEHÅLLSFÖRTECKNING 3
INTRODUKTION 7
1. GRÖNA SESAMBÖNOR 10
2. PANNBRÄNDA MORÖTTER 12
3. BRÄSERAD RÖDKÅL MED BACON 14
4. VEGANSK PILGRIMSPOTATIS 16
5. MOSAD RÖDSKINNSPOTATIS 18
6. BLOMKÅL MED PÄRON OCH HASSELNÖTTER 20
7. MAJS VANILJSÅS 23
8. ENKEL ROSTAD BRYSSELKÅL 25
9. STEKT MAJS 27
10. BLOMKÅL MED OSTSÅS 29
11. BRANDY GLASERADE MORÖTTER 31
12. THANKSGIVING BRÄSERADE KÅLROT 33
13. KORV OCH KÅLROT 36
14. GRATINERAD POTATIS 38
15. GRÄDDAD SPENAT 40
16. SUCCOTASH 42
17. BRYSSEL MED PANCETTA 44
18. FRÄS PURJOLÖK MED PARMESAN 46
19. ROSTADE RÖDBETOR MED CITRUS 49
20. DELICATA SQUASH MED ÄPPLEN 52
21. MELASS MOSAD SÖTPOTATIS 55
22. PÄRLLÖKSGRATÄNG MED PARMESAN 57
23. GRATÄNG AV SÖTPOTATIS OCH PURJOLÖK 60
24. ROSTADE SVAMPAR I BRUNT SMÖR 63
25. RÖDA LINSBIFFAR 65
26. RUCCOLA PESTO OCH ZUCCHINI 68

27.	Vegetarisk gryta	71
28.	Rostad brysselkål	74
29.	Panna quinoa	76
30.	Klibbig tofu med nudlar	79
31.	Groddar med gröna bönor	82
32.	Crusted tofu med rädisa	84
33.	Butternut squash galette	87
34.	Quinoa med currypasta	90
35.	Bakat rökigt morotsbacon	93
36.	Lax över spaghetti squash	95
37.	Squash Carbonara	97
38.	Rostad tomatsås	100
39.	Ratatouille	103
40.	Blomkålsbaka	105
41.	Caulicake	108
42.	Kryddade grönkål "köttbullar"	111
43.	Pumpa Carbonara	114
44.	En pott italiensk korvmåltid	117
45.	Broccolisallad	120
46.	Bacon med ostliknande blomkålsmos	122
47.	Krispig bakad tofu och Bok Choy sallad	124
48.	Gräddad spenat	127
49.	Ostiga Zoodles med färsk basilika	130
50.	Veggie Burger Biffar	133
51.	Kryddig blomkål med Sujuk-korv	135
52.	Balsamisk brysselkål och bacon	137
53.	Vitlök Parmesan Rostade Rädisor	140
54.	Air Fryer Blomkål	143
55.	Jicama Fries	145
56.	Grönsakskabobs	148
57.	Spaghetti squash	151

58.	Lönnglaserad brysselkål	153
59.	Limepotatis	155
60.	Brysselkål och tomatmix	157
61.	Rädishash	159
62.	Svamp med örter och grädde	161
63.	Sparris	163
64.	Smör morötter	165
65.	Aubergine i asiatisk stil	167
66.	Smör majskolvar	169
67.	Kryddig kinesisk stil gröna bönor	171
68.	Örtad aubergine och zucchinimix	173
69.	Kokt Bok Choy	175
70.	Air Fryer Aubergine Fries	177
71.	Air Fryer Kohlrabi Fries	180
72.	Skivad gurka pickles	182
73.	Kanderade Yams	184
74.	Slaw fylld avokado	186
75.	Rå zucchinirullar	188
76.	Cashew pesto fyllda svampar	190
77.	Avokado Caprese sallad	192
78.	Raw Taco båtar	194
79.	Äppel Nachos	196
80.	Raw No-Köttbollar	198
81.	Rå morotspasta	200
82.	Zucchinipasta	202
83.	Shiitake svampsoppa	204
84.	Blomkålsbroccoli 'ris'	206
85.	Zucchininudlar med pumpafrön	208
86.	Citron-persiljamarinerade svampar	210
87.	Veganska vårrullar	212
88.	Pumpa Curry med kryddiga frön	214

89.	Tamarind fisk curry	216
90.	Okra Curry	219
91.	Vegetabilisk kokos curry	221
92.	Grundläggande grönsakscurry	223
93.	Black Eye Bean och Coconut Curry	226
94.	Kål Curry	229
95.	Blomkålscurry	231
96.	Potatis, blomkål och tomatcurry	233
97.	Pumpa Curry	235
98.	Woka i grönsaker	238
99.	Vit kalebass curry	240
100.	Rostade rotfrukter och sorghum	242

SLUTSATS **245**

INTRODUKTION

Att förbereda mer grönsaker och laga mat hemma är en enkel strategi som avsevärt kan förbättra din hälsa. Dessutom har forskning rapporterat att att laga mat hemma är förknippat med mindre snabbmatskonsumtion och pengar som spenderas på mat.

Ett av de första stegen mot att laga mer mat hemma är att lära sig olika sätt att laga färska grönsaker. Dessa färdigheter kommer att göra det möjligt för dig att göra grönsaker till stjärnan i dina måltider, vilket i sin tur kommer att förse dig med massor av nyttiga näringsämnen och leda till förbättrad hälsa.

Grundläggande metoder för att laga grönsaker

A. HACKNING

Att hacka är ungefär så grundläggande som du kan bli, och det är något som erfarna hemkockar kan ta för givet. Men inte alla lär sig att skiva, tärna och julienne grönsaker som barn. Det är därför att hacka är den första och främsta färdigheten att behärska om du vill bli en bättre kock och äta mer grönsaker.

B. ÅNGANDE

Ångkokning är en urgammal teknik för att tillaga grönsaker. Ibland blir det förbisett, men det får verkligen jobbet gjort! Dessutom visar forskning att ångkokning av vissa grönsaker kan bevara deras näringsämnen mer än andra matlagningsmetoder. Att ånga en grönsak innebär att utsätta den för varmt vatten för att mjuka upp maten och göra den mjukare.

C. KOKANDE

Att koka grönsaker är ett av de enklaste sätten att förbereda dem. Även om kokning kan få vissa näringsämnen att suga ut ur grönsaker i vattnet, är det inte fallet för alla typer av grönsaker. Ibland är kokning det mest effektiva sättet att tillaga potatis och andra fasta rotfrukter även om vissa näringsämnen går förlorade. Och om du äter en mängd olika både kokta och råa grönsaker, behöver du inte oroa dig för att bevara den optimala näringen för varje enskild måltid.

D. SAUTÉING

Att sautera en grönsak innebär att koka den i någon typ av fett över värme. De vanligaste fetterna som används vid sautering är extra virgin olivolja, avokadoolja, smör och till och med kokosolja. Du kan också lägga till hackad vitlök, örter och kryddor och/eller salt och peppar till en sauté.

E. MARINERING

När du väl börjar bli mer bekväm i köket kan du skapa marinader för grönsaker! Att borsta eller blötlägga grönsaker i en blandning av olivolja, kryddor, örter och andra smakämnen innan de tillagas kan öka deras smak och ömhet när de är tillagade. Marinerade grönsaker kan sauteras, rostas eller grillas.

F. ROSTNING

Om du är ny med att rosta grönsaker har du ingen aning om vad du missar! Rostning förvandlar helt smakerna och konsistensen hos råa grönsaker. Många människor tycker att grönsakerna de absolut hatar att äta råa är några av deras favoriter att äta rostade.

G. SNABBBETNING

Snabbbetning är en enkel och rolig teknik för att tillaga grönsaker. Även om inläggning kan låta skrämmande, är det otroligt enkelt att göra inlagda grönsaker (kylskåpsgurka, inte den lagringsstabila sorten). Med lite vinäger, socker och kryddor kan du sylta nästan vilken typ av grönsak som helst.

1. Gröna sesambönor

Utbyte: 8 portioner

Ingredienser

- 2 pund gröna bönor, härledda
- 3 msk sesamolja
- 1 msk risvinäger
- 1 msk citronsaft
- 1 tsk färsk riven ingefära
- 2 msk sesamfrön
- $\frac{1}{4}$ teskedar kosher salt

Vägbeskrivning:

a) Koka upp vatten i en stor kastrull. Koka de gröna bönorna tills de är spröda, 3 till 4 minuter. Häll av vattnet och ställ åt sidan.
b) Blanda de andra ingredienserna i en stor bunke och vispa tills de är ordentligt blandade. Blanda i haricots verts och rör om väl för att blandas in.
c) Tillsätt nymalen peppar efter smak.

2. Pannbrända morötter

Utbyte: 4 portioner

Ingredienser
- 4 dl morötter - skivade
- 4 vitlöksklyftor - skivade
- 1 tsk olja
- 1 kopp renat vatten
- 1 tsk havssalt

Vägbeskrivning:
a) Koka vitlöken i en panna på medelvärme för att tillsätta vattnet.
b) Släng i morötterna och låt dem koka upp, sänk sedan till låg värme och täck i 10 minuter. Servera omedelbart.

3. Bräserad rödkål med bacon

Utbyte: 4-6 portioner

Ingredienser

- 6 skivor bacon, grovt hackad
- 1 msk socker
- 1 stor gul lök, finhackad
- Kosher salt och svartpeppar, efter smak
- 1 granny smith äpple, skalat och hackat
- 1/3 kopp port
- ¼ kopp rödvinsvinäger
- 1 stort huvud rödkål, strimlad
- 2 dl kycklingfond
- 1/4 dl röda vinbärsgelé

Vägbeskrivning:

a) Koka bacon i 5 minuter, eller tills det knappt är knaprigt.
b) Tillsätt sockret och koka i ytterligare 30 sekunder.
c) Tillsätt lök, salt och peppar och låt sjuda, rör om med jämna mellanrum, i cirka 10 minuter, eller tills de är gyllene och mjuka.
d) Rör ner äpplena, sänk värmen till medel-låg, täck över och låt sjuda tills äpplena är mjuka, cirka 20 minuter.
e) Kasta lök-äppleblandningen med portvinen, vinägern och kålen och blanda för att införliva.
f) Koka, täckt, i 5-7 minuter, eller tills kålen är livlig lila och något vissen.
g) Häll i fonden och smaka av med salt och peppar. Höj värmen till medelhög och låt blandningen koka upp.
h) Tillsätt den röda vinbärsgelén, smaka av med salt och peppar och låt puttra i ytterligare 4-5 minuter.

4. Vegansk pilgrimspotatis

Utbyte: 6 portioner

Ingredienser:
- 6-8 tunt skivade potatisar
- 1 burk vegansk cheddarostsoppa
- 1-1/2 dl riven vegansk cheddarost
- 1 burk (12 oz.) indunstad mandelmjölk
- Salt och peppar

Vägbeskrivning:

a) Spraya insidan av crockpot med matlagningsspray.
b) Lägg hälften av den skurna potatisen i crockpoten.
c) Tillsätt 1/2 burk strimlad soppa, 3/4 kopp riven ost och 1/2 burk mandelmjölk. Smaka av med salt och peppar.
d) Lägg de återstående ingredienserna i lager i samma ordning som den första.
e) Koka i 6 timmar på hög.

5. Mosad rödskinnspotatis

Utbyte: 20 portioner

Ingredienser:

- 10 lbs. rödskinnspotatis
- 2 stickor smör
- 2 koppar gräddfil
- 3/4 kopp mjölk
- 2 tsk vitlökspulver
- salt och peppar efter smak

Vägbeskrivning:

a) Koka potatisen i en stor kastrull tills den är mjuk.
b) Sila ner i ett durkslag.
c) Lägg den uppvärmda potatisen i en stor blandningsfat.
d) Blanda smör till potatis med en mixer.
e) Blanda eller mosa i resterande ingredienser.
f) Tjäna.

6. Blomkål med päron och hasselnötter

Utbyte: 8 portioner

Ingredienser

- 3 oz. (6 matskedar.) osaltat smör
- 1 blomkålshuvud, skuren i små buketter
- 1/2 kopp rostade, hackade hasselnötter
- 8 färska salviablad, tunt skivade
- Kosher salt och mald svartpeppar
- 2 mogna päron, kärnade ur och tunt skivade
- 2 matskedar. hackad färsk platt bladpersilja

Vägbeskrivning:

a) Smält smöret i en 12-tums stekpanna på medelhög värme tills det är ljust gyllene och bubblar. Tillsätt blomkål, valnötter och salvia och koka, rör om med jämna mellanrum, i 2 minuter.
b) Tillsätt 1 tsk salt och 1/2 tsk peppar och låt sjuda, vänd med jämna mellanrum, i ytterligare 6 till 7 minuter, eller tills blomkålen är brun och knaprig.
c) Tillsätt päronskivor och persilja och släng päronen försiktigt.
d) Tillsätt ytterligare salt efter smak.

7. Majs vaniljsås

Utbyte: 4 portioner

Ingredienser

- 4 koppar majs
- 1 msk smör
- 1 msk finhackad lök
- 1 msk mjöl
- 1 dl grädde
- 5 ägg
- Salt och peppar

Vägbeskrivning:

a) Fräs löken i en nonstick-panna. Rör ner mjölet tills allt är väl blandat.
b) Häll i den frysta majsen tillsammans med eventuell vätska. Öka temperaturen till högt.
c) Kasta majs tills nästan all vätska har avdunstat. Tillsätt grädden och låt koka i 2-3 minuter
d) Vispa ihop ägg, salt och peppar i en stor bunke. Vispa långsamt i majslökblandningen.
e) Smaka av och krydda med ytterligare salt och peppar om så önskas.
f) Häll blandningen i en ugnsform och grädda i cirka 30 minuter, eller tills vaniljen har stelnat.

8. Enkel rostad brysselkål

Utbyte: 4 portioner

Ingredienser

- 4 koppar brysselkål, blancherad
- ¼lb bacon
- Nyp färsk timjan
- Salt och peppar.

Vägbeskrivning:

a) Tärna baconet i små bitar. Koka baconet i en tjockbottnad stekpanna för att göra fettet, men gör det inte knaprigt.
b) Kasta groddarna med baconfettet och baconbitarna.
c) Rosta groddarna i 400° ugn med några kvistar färsk timjan på en plåt.
d) Täck groddarna med folie under de första 5 minuterna, ta sedan bort skyddet under de återstående 5 minuterna.
e) Salta och peppra groddarna och lägg dem i en serveringsskål.

9. Stekt majs

Utbyte: 4 portioner

Ingredienser

- 1 paket fryst majs
- 1 MSK smör
- 4-5 MSK grädde
- Färsk riven muskotnöt
- Salt och peppar
- $\frac{1}{4}$ teskedar torkad timjan

Vägbeskrivning:

a) Smält smöret i en stekpanna med nonstick på medelhög värme. Tillsätt majs och torkad timjan och rör om tills nästan all vätska har avdunstat.
b) Häll i grädden. Krydda med muskotnöt, salt och peppar efter smak.
c) Höj värmen till hög och fortsätt koka tills majsen är helt täckt med grädde.

10. Blomkål med ostsås

Utbyte: 2-4 portioner

Ingredienser

- 1 blomkålshuvud, blancherad
- 1 dl mjölk
- 1 dl riven ost
- 11/2 MSK smör
- 1 tsk dijonsenap
- 1½ Msk mjöl
- Salt och peppar

Vägbeskrivning:

a) Smält smöret i en tjockbottnad kastrull. Vispa i mjölet tills det är väl fuktat med smöret.
b) Tillsätt mjölken och låt sjuda under konstant omrörning tills såsen har tjocknat.
c) Rör ner osten tills allt är väl blandat. Tillsätt salt och peppar efter smak.
d) Släng blomkålen med ostsåsen och servera genast eller håll varm i ugnen.

11. Brandy glaserade morötter

Utbyte: 8 portioner

Ingredienser

- 2 lbs. morötter, skalade och skurna i mynt
- ½ kopp farinsocker
- ½ kopp smör
- ½ dl konjakvatten

Vägbeskrivning:

a) Smält smöret i en sautépanna. Häll i morötter och socker med smöret.
b) Koka morötterna på medelvärme tills de börjar karamelliseras.
c) Flamma brännvinet tills det brinner ut.
d) När fukten avdunstar, tillsätt lite vatten i taget för att hålla morötterna koka och undvika att fastna.
e) Koka tills önskad nivå av färdighet uppnåtts.

12.   Thanksgiving bräserade kålrot

Utbyte: 4 portioner

Ingredienser

- ½ lbs. kålrot, skalade och skär i klyftor
- 2 msk tomatpuré
- 2 msk smör
- 1 lök, skalad och tärnad
- 1 tsk torkad timjan
- 1 morot, skalad och tärnad
- 1 lagerblad
- 2 stjälkar selleri, tärnad
- Salt och peppar
- 1½ dl fond eller vatten
- 2 msk smör, mjukat
- 1 msk mjöl

Vägbeskrivning:

a) Smält smöret i en medelstor kastrull. Tillsätt löken, sellerin och moroten.
b) Koka i cirka 5 minuter. Tillsätt fond, tomatpuré, timjan och lagerblad till kålrots- och lök-, morots- och selleriblandningen.
c) Tillaga i 30 till 40 minuter, täckt, i en 350°F ugn.
d) Medan kålroten brässer, gör du en pasta med smör och mjöl.
e) Överför kålroten till ett serveringsfat och håll varma i stekpannan.
f) Sila av bräsvätskan i en liten kastrull. Tillsätt bitar av smörmjölsblandningen i såsen och vispa tills den tjocknar.

g) Smaka av med salt och peppar och häll sedan såsen över kålroten.

13. Korv och kålrot

Utbyte: 6 portioner

Ingredienser

- 1 lb. korvbrats, skurna i 1-tums bitar
- 2 MSK olja
- 6-8 kålrot, blancherade
- 2 MATSKEDAR smör
- 1 dl kalkonfond
- Salt och peppar

Vägbeskrivning:

a) Värm ugnen till 350°F.
b) I oljan, sautera korven i tre till fyra minuter. Överför till en gryta.
c) Återställ stekpannan till elden på medelvärme, häll av olja och fett. Tillsätt kålroten i det smälta smöret.
d) Tillsätt kalkonfonden och salt och peppar efter smak.
e) För över kålroten i grytan med den sjudande vätskan.
f) Grädda rovorna i 45 minuter, eller tills de kan stickas hål med en knivspets.

14.   Gratinerad potatis

Utbyte: 6 portioner

Ingredienser
- 2 pund potatis, skalad och skivad
- 2 msk smält smör
- 1/2 tsk salt
- 1/4 tsk svartpeppar
- 1 dl riven skarp cheddarost
- 1/4 kopp färskt brödsmulor

Vägbeskrivning:
a) Värm ugnen till 425°F.
b) Använd matlagningsspray och belägg en grund 1-1/2-liters gryta.
c) Varva skivad potatis i grytan.
d) Ringla över smält smör och smaka av med salt och peppar.
e) Garnera med ströbröd och riven cheddarost.
f) Koka i 30 minuter, täckt eller tills potatisen är kokt.

15.   Gräddad spenat

Utbyte: 4 portioner

Ingredienser

- 2 matskedar smör
- 2 msk universalmjöl
- 2 (10-ounce) förpackningar fryst hackad spenat, tinad och väl dränerad
- 1 kopp (1/2 pint) tjock grädde
- 1/2 tsk mald muskotnöt
- 1/2 tsk vitlökspulver
- 1/2 tsk salt

Vägbeskrivning:

a) Smält smör i en stor stekpanna på medelvärme; vispa i mjöl tills det är gyllene.
b) Häll i de återstående ingredienserna, blanda väl och låt sjuda i 3 till 5 minuter, eller tills de är genomstekta.

16. Succotash

Utbyte: 6 portioner

Ingredienser
- 2 koppar ångad majs
- 2 koppar Limabönor, kokta
- ½ tsk salt
- Dash peppar
- 2 msk kokosolja
- ½ kopp kokosmjölk

Vägbeskrivning:
a) Blanda samman majsen och bönorna, smaka av med salt och peppar.
b) Tillsätt mjölk och olja och låt koka upp.
c) Servera omedelbart.

17. Bryssel med pancetta

Utbyte: 4 portioner

Ingredienser

- 1/2-pund pancetta skuren i små tärningar
- 2-3 msk olivolja delad
- 1 pund färsk brysselkål
- 2 msk lönnsirap
- 1 msk vit balsamvinäger
- Kosher salt och mald svartpeppar

Vägbeskrivning:

a) Värm 1 msk olivolja i en stor gjutjärnspanna på medelvärme. Koka, pancetta tills den är aromatisk och börjar bli knaprig. Låt rinna av på en hushållspappersklädd plåt och ställ åt sidan.
b) Klipp brysselkålens ändar och skär dem på mitten från roten till spetsarna.
c) Lägg brysselkålen med skärsidan nedåt i ett lika lager i pannan och koka i 4-5 minuter, eller tills groddarna börjar få färg och karamelliseras, vänd sedan, smaka av med kosher salt och svartpeppar, reducera till medium och täck med ett lock.
d) Lägg tillbaka pancettan i pannan.
e) Blanda med den återstående matskeden olivolja, lönnsirap och balsamvinäger och värm i ytterligare en minut eller två.
f) Tillsätt extra kosher salt och mald svartpeppar efter smak och servera sedan.

18.   Fräs purjolök med parmesan

Utbyte: 6 portioner

Ingredienser

- 6 tunna purjolökar, halverade på längden
- 2 matskedar olivolja
- Kosher salt
- Nymalen svartpeppar
- ¼ kopp torrt eller halvtorrt vitt vin
- 3 msk osaltad kycklingfond
- 1 msk osaltat smör
- 3 msk nyriven parmesan

Vägbeskrivning:

a) Tillsätt oljan i en stor, tjockbottnad stekpanna och värm på medelvärme.
b) När oljan är varm, arrangera purjolöken i ett enda lager, med snittsidan nedåt.
c) Kasta purjolöken med en tång tills de är försiktigt bruna, 3-4 minuter.
d) Salta och peppra purjolöken och vänd den sedan med snittsidan nedåt.
e) Rör ner vinet för att deglasera pannan. Fyll grytan med tillräckligt med kycklingfond för att täcka toppen av purjolöken.
f) Koka upp, sänk sedan till låg värme och täck och koka i 15-20 minuter, eller tills purjolöken är mjuk.
g) Ringla långsamt i smöret.

h) Lägg purjolöken med snittsidan uppåt på en tallrik och toppa med ost.

19. Rostade rödbetor med citrus

Utbyte: 4 portioner

Ingredienser

- 6 till 8 medelröda eller gula rödbetor
- Extra virgin olivolja, för duggregn
- 1 stor navel apelsin
- Dash sherryvinäger eller balsamvinäger
- Saft av ½ citron, eller efter smak
- Handfull vattenkrasseblad, eller ruccola eller mikrogrönt
- Havssalt och malen svartpeppar
- Get- eller fetaost
- Hackade valnötter eller pistagenötter

Vägbeskrivning:

a) Värm ugnen till 400 grader Fahrenheit.
b) Ringla rödbetor generöst med olivolja, nypor havssalt och nymalen svartpeppar.
c) Slå in rödbetorna i folie och rosta i 35 till 60 minuter, eller tills de är mjuka och mjuka.
d) Ta ut rödbetorna ur ugnen, ta av folien och lägg dem åt sidan för att svalna.
e) Skala skalet när de är svala. Skär dem i 1" klyftor eller bitar.
f) Skiva apelsinen i tredjedelar och spara den återstående 1/4 klyftan för att pressa.
g) Kasta rödbetor med olivolja och sherryvinäger, citronsaft, apelsinjuice pressad från den återstående klyftan och några nypor salt och peppar. Ställ i kyl tills den ska serveras.

h) Tillsätt extra salt och peppar eller vinäger efter smak innan servering.
i) Lägg apelsinsegmenten, vattenkrasse och citruskrusarna på ett fat.

20.   Delicata Squash med äpplen

Utbyte: 4 portioner

Ingredienser

- 2 delicata squash, skuren i ½-tums bitar
- ½ kopp pärllök, halverad
- Extra virgin olivolja, för duggregn
- 2 msk pepitas och/eller pinjenötter
- 2 koppar riven lacinato grönkål, 2 till 3 blad
- 6 salviablad, hackade
- Blad från 3 timjankvistar
- 1 litet galaäpple, tärnat
- Havssalt och nymalen svartpeppar

Vägbeskrivning:

a) Värm ugnen till 425 grader Fahrenheit och klä en bakplåt med bakplåtspapper.
b) Ringla olivolja och stora nypor salt och peppar över squashen och löken på plåten.
c) Kasta för att belägga och sprid sedan ut på arket så att de inte rör. Rosta i 25 till 30 minuter, eller tills squashen är gyllenbrun på alla sidor och löken är mjuk och karamelliserad.
d) Kasta pepitorna med en nypa salt i en liten stekpanna på medelhög värme och rosta i cirka 2 minuter, rör ofta. Avsätta. Tillsätt grönkål, salvia och timjan.
e) Kombinera den varma rostade squashen och löken, äpplena, hälften av pepitorna och hälften av dressingen i en stor bakskål. Kasta.

f) Grädda i 8 till 10 minuter.
g) Ringla över resterande dressing och toppa med resterande pepitas precis innan servering.

21. Melass Mosad sötpotatis

Utbyte: 8 portioner

Ingredienser
- 4 sötpotatisar, skurna i 1-tums bitar
- 8 små morötter, skurna i 1-tums bitar
- 4 medelstora palsternacka, skurna i 1-tums bitar
- Kosher salt
- 4 matskedar. osaltat smör
- 1/4 dl gräddfil
- 1/4 kopp melass
- 1 matskedar. finriven färsk ingefära
- 1/2 kopp halv-och-halva
- Nymalen svartpeppar

Vägbeskrivning:
a) Lägg sötpotatisen, morötterna och palsternackan i en stor kastrull och täck med vatten.
b) Koka upp, sänk sedan till låg värme och koka i 15 till 20 minuter, eller tills grönsakerna är mjuka. Låt rinna av och lägg tillbaka i kastrullen.
c) Torka grönsakerna i pannan, skaka pannan då och då för att undvika att de fastnar.
d) Tillsätt smör, gräddfil, melass, ingefära och halv-och-halva.
e) Häll i salt och peppar, smaka av och justera kryddorna innan servering.

22. Pärllöksgratäng med parmesan

Utbyte: 8 portioner

Ingredienser
- 2 lb. fryst pärllök, tinad
- 1 kopp tung grädde
- 34-tums kvistar färsk timjan
- Kosher salt och mald svartpeppar
- 3 matskedar. osaltat smör, smält
- 1 kopp grovt färskt ströbröd
- 1/4 kopp riven Parmigiano Reggiano
- 1/2 tsk torkade salta blad, smulade

Vägbeskrivning:

a) Värm ugnen till 400 grader Fahrenheit.
b) Värm lök och vatten i en stor kastrull.
c) När löken värmer, rör om och separera dem med en gaffel. Sänk värmen till medel, täck över och koka i 5 minuter när vattnet har kokat upp. Häll av ordentligt och klappa torrt.
d) Kombinera grädden, timjan och 1/2 tsk salt i en liten kastrull på medelhög värme. Koka upp grädden. Ta bort timjankvistarna från grädden och släng dem.
e) Under tiden, pensla 1 msk smör till en grund 2-qt. gratäng eller ugnsform.
f) Kasta ströbröd, Parmigiano-Reggiano, salta, de återstående 2 msk smält smör, 12 tsk salt och flera malningar av peppar i en liten blandningsform.
g) Bred ut löken i en ugnsform. Fördela ströbrödet ovanpå löken och häll grädden över dem.
h) Grädda i cirka 30 minuter, eller tills ströbrödet är djupt gyllenbrunt och grädden kokar kraftigt runt kanterna.

i) Ta ut ur ugnen och ställ åt sidan i 10 minuter innan servering.

23. Gratäng av sötpotatis och purjolök

Utbyte: 6 portioner

Ingredienser

- 2 matskedar. osaltat smör
- 2 matskedar. olivolja
- 6 oz. pancetta, skär i 1/4-tums tärningar
- 2 stora purjolökar, skivade 1/4 tum tjocka
- 1/4 dl finhackad vitlök
- 2 koppar tung grädde
- 3 matskedar. färska timjanblad
- Kosher salt och mald svartpeppar
- 2 sötpotatisar, skalade och tärnade
- 3 rödbruna potatisar, skalade och tärnade

Vägbeskrivning:

a) Värm ugnen till 350 grader Fahrenheit.
b) Hetta upp smör och olja i en medelstor kastrull på medelvärme. Koka pancetan tills den är brun, cirka 9 minuter. Använd en hålslev och överför till hushållspapper.
c) Tillsätt purjolöken och vitlöken i pannan, täck över, sänk till låg värme och koka, vänd med jämna mellanrum, i cirka 5 minuter, eller tills purjolöken mjuknat men inte fått färg.
d) Tillsätt grädden, låt koka upp, sänk till låg värme och koka i 5 minuter.
e) Lägg tillbaka pancetta, timjan, 1 tsk salt och peppar efter smak; avsätta.
f) Använd smör och smörj en 2-liters gryta.
g) Skeda 2 matskedar av purjolökskrämen lika mycket över potatisen.

h) Fördela ett lager sötpotatis ovanpå, krydda lätt och toppa sedan med ytterligare 2 msk purjolökskräm.
i) Fortsätt med resterande potatis tills alla är förbrukade. Ringla överbliven purjolökskräm över potatisen och tryck till ordentligt.
j) Grädda i 50 till 60 minuter, eller tills toppen är brun och potatisen i mitten är mjuk när du sticker den med en gaffel.
k) Tjäna.

24. Rostade svampar i brunt smör

Utbyte: 4 portioner

Ingredienser:

- 1 pund svamp (knapp, cremini eller annat),
- 1 matsked olja
- salt och peppar efter smak
- 1/4 kopp smör
- 2 vitlöksklyftor, hackade
- 1 tsk timjan, hackad
- 1 msk citronsaft
- salt och peppar efter smak

Vägbeskrivning:

a) Kasta svampen med olja, salt och peppar, sprid sedan ut dem på en bakplåt i ett enda lager och rosta i 20 minuter, eller tills de börjar karamellisera, rör om halvvägs.
b) Smält smöret i en medelstor kastrull tills det blir en läcker hasselnötsbrunt, ta sedan bort från värmen och rör ner vitlök, timjan och citronsaft.
c) I en stor mixerskål, släng de rostade svamparna med det brynta smöret och smaka av med salt och peppar!

25. Röda linsbiffar

Till tomatsåsen:

- 1 14-ounce burk hackade tomater.
- En skvätt agavesirap.
- 1 msk olja.
- 1 tsk rött, vitt vin.
- Chili, torkade provenceväxter och paprikapulver efter smak.

För linsbiffarna:
- 1 kopp torra röda linser.
- 1 1/2 koppar plus 3 matskedar vatten.
- 1 tsk vegobuljongpulver.
- 1 tsk gurkmeja.
- 1 lök, tärnad.
- 1 vitlöksklyfta, pressad.
- 1/2 tsk spiskummin.
- 1 linägg.
- 2 matskedar persilja.
- Salta och peppra, efter smak.
- Olja, efter behov.

Vägbeskrivning:
a) Tillsätt alla aktiva ingredienser i en kastrull och koka upp. Minimera värmen och låt sjuda i cirka 30 minuter, rör om med jämna mellanrum. Bli av med värmen.
b) För att göra linsbiffarna: Blanda linser, vatten, grönsaksbuljong och gurkmeja i en kastrull och låt koka upp. Om nödvändigt, sänk värmen och koka tills linserna är mjuka och vattnet absorberas (inkludera mer vatten. Rör om med jämna mellanrum.
c) Stek å andra sidan löken i en stekpanna.

d) Värm ugnen till 390° F. Klä en plåt med bakplåtspapper och smörj med olja.
e) I en skål, integrera linser, lök, vitlök, spiskummin, linägg, persilja, salt och peppar. Blanda väl och låt svalna något.
f) Fukta händerna med vatten, forma linsbiff och lägg på bakplåtspapper. Pensla med lite olja.
g) Grädda den röda linsen i ca 20-25 minuter och servera med tomatsåsen.

26.   Ruccola pesto och zucchini

Ingredienser:

- 2 skivor rågtoast
- 1/2 av en avokado.
- 1/2 stor zucchini.
- Gäng vattenkrasse.
- 1 vitlöksklyfta.

För ruccola pesto:

- 2 stora nävar ruccola.
- 1 dl pinjenötter (eller valfri nöt).
- 1 stor näve spenat.
- Saft av 1 lime.
- 1 tsk havssalt.
- 3 matskedar olivolja.

Vägbeskrivning:

a) Börja med att göra rucolapeston genom att lägga alla ingredienser i en matkvarn och vispa tills peston blir sammetslen och slät.

b) Fräs zucchinin genom att först skära den i mycket tunna horisontella bitar. Värm den grovt skivade vitlöksklyftan, olivolja, strö över havssalt och ett par skvätt vatten till en liten kastrull på medelvärme.

c) Om zucchinin börjar torka när den tillagas, inkludera zucchinin och fräs i 7 minuter - tillsätt långsamt vatten.

d) Rosta brödet, bred sedan ut peston genom hela toasten, tillsätt zucchinin och skivad avokado, och ledande med vattenkrasse!

27. Vegetarisk gryta

Ingredienser:

- 1 msk oliv- eller rapsolja.
- 1 lök, försiktigt skivad.
- 3 vitlöksklyftor, skivade.
- 1 tsk rökt paprika.
- 1/2 tsk malen spiskummin.
- 1 msk torkad timjan.
- 3 medelstora morötter, skivade.
- 2 medelstora stavar selleri, fint skivad
- 1 röd paprika, skivad.
- 1 gul paprika, skivad.
- 2 x 400 g burk tomater eller skalade körsbärstomater.
- 1 grönsaksbuljongtärning upp till 250 ml
- 2 zucchini, tjocka skivor
- 2 kvistar färsk timjan.
- 250 g kokta linser.

Vägbeskrivning:

a) Värme 1 msk oliv- eller rapsolja i en enorm, överväldigande baserad maträtt. Inkludera 1 finhackad lök och koka försiktigt i 5 – 10 minuter tills den är mjuk.

b) Inkludera 3 skurna vitlöksklyftor, 1 tsk rökt paprika, 1/2 tsk mald spiskummin, 1 msk torkad timjan, 3 skurna morötter, 2 finskurna selleristänger, 1 hackad röd paprika och 1 klövad gul paprika och koka i 5 minuter.

c) Inkludera två 400 g burkar tomater, 250 ml grönsaksfond (gjord med 1 buljong), 2 tjockt skurna zucchini och 2 kvistar ny timjan och koka i 20 – 25 minuter.

d) Ta ut timjankvistarna. Blanda i 250 g kokta linser och ta tillbaka till en gryta. Present med vilda och vita basmatiris, squash eller quinoa.

28.   Rostad brysselkål

Ingredienser:

- 1 lb brysselkål, skuren på mitten.
- 1 schalottenlök, hackad.
- 1 msk olivolja.
- Salta och peppra, efter smak.
- 2 tsk balsamvinäger.
- 1/4 kopp granatäpplekärnor.
- 1/4 kopp getost, smulad.

Vägbeskrivning:

a) Värm ugnen till 400 ° F. Belägg brysselkålen med olja. Strö över salt och peppar.

b) Överför till en ugnsform. Rosta i ugnen i 20 minuter.

c) Ringla över vinägern.

d) Strö över frön och ost innan servering.

29. Panna quinoa

Ingredienser:

- 1 kopp sötpotatis, tärnad.
- 1/2 kopp vatten.
- 1 msk olivolja.
- 1 lök, hackad.
- 3 vitlöksklyftor, hackade.
- 1 tsk malen spiskummin.
- 1 tsk mald koriander.
- 1/2 tsk chilipulver.
- 1/2 tsk torkad oregano.
- 15 oz. svarta bönor, sköljda och avrunna.
- 15 oz. rostade tomater.
- 1 1/4 dl grönsaksbuljong.
- 1 kopp fryst majs 1 kopp quinoa (okokt).
- Salt att smaka.
- 1/2 kopp lätt gräddfil.
- 1/2 kopp färska korianderblad.

Vägbeskrivning:

a) Tillsätt vattnet och sötpotatisen i en kastrull på medelvärme. Koka upp.

b) Sänk värmen och koka tills sötpotatisen är mjuk.

c) Tillsätt oljan och löken.

d) Koka i 3 minuter. Rör ner vitlök och kryddor och koka i 1 minut.

e) Tillsätt resten av ingredienserna förutom gräddfilen och koriandern. Koka i 20 minuter.

f) Servera med gräddfil och toppa med koriander innan servering.

30.   Klibbig tofu med nudlar

Ingredienser:

- 1/2 stor gurka.
- 100 ml ris rödvinsvinäger.
- 2 msk gyllene strösocker.
- 100 ml vegoolja.
- 200 g pack företagstofu, skuren i 3 cm tärningar.
- 2 msk lönnsirap.
- 4 matskedar brun eller vit misopasta.
- 30 g vita sesamfrön.
- 250 g torkade sobanudlar.
- 2 vårlökar, strimlad, att servera.

Vägbeskrivning:

a) Använd en skalare och skär tunna band av gurkan, lämna fröna kvar. Lägg banden i en skål och ställ åt sidan. Värm försiktigt vinäger, socker, 1/4 tsk salt och 100 ml vatten i en kastrull på medelvärme i 3-5 minuter tills sockret blir flytande, häll sedan över gurkorna och låt gurka i kylen medan du förbereder tofun.

b) Värm allt utom 1 matskedar av oljan i en stor, non-stick stekpanna på medelvärme tills bubblorna börjar stiga till ytan. Ta med tofun och stek i 7-10 minuter.

c) Blanda ihop honung och miso i en liten skål. Bred ut sesamfröna på en tallrik. Pensla den stekta tofun med den klibbiga honungssåsen och lägg undan eventuella rester. Belägg tofun jämnt i fröna, strö över lite salt och låt stå på en varm plats.

d) Förbered nudlarna och blanda med resten av oljan, den återstående såsen och 1 msk av gurkbetsvätskan. Koka i 3 minuter tills den är genomvärmd.

31. Groddar med gröna bönor

Ingredienser:

- 600 g brysselkål, delad och skär.
- 600 g gröna bönor.
- 1 msk olivolja.
- Skal och juice 1 citron.
- 4 msk rostade pinjenötter.

Vägbeskrivning:

a) Koka i ett par sekunder, tillsätt sedan grönsakerna och fräs i 3-4 minuter tills groddarna får lite färg.

b) Tillsätt en skvätt citronsaft och salt och peppar efter smak.

32. Crusted tofu med rädisa

Ingredienser:

- 200 g fast tofu.
- 2 msk sesamfrön.
- 1 msk japansk shichimi togarashi.

Kryddblandning.

- 1/2 msk majsmjöl.
- 1 msk sesamolja.
- 1 msk vegoolja.
- 200 g mör stambroccoli.
- 100 g sockerärtor.
- 4 rädisor, mycket fint skivade.
- 2 vårlökar, försiktigt skivade.
- 3 kumquats, mycket fint skivade.

Till dressingen

- 2 msk lågsaltad japansk sojasås.
- 2 msk yuzujuice (eller 1 msk varje lime- och grapefruktjuice).
- 1 tsk gyllene strösocker.

- 1 liten schalottenlök, fint tärnad.
- 1 tsk riven ingefära.

Vägbeskrivning:

a) Dela tofun på mitten, täck väl med hushållspapper och lägg på en tallrik. Lägg en tjock stekpanna ovanpå för att pressa ut vattnet ur den. Modifiera papperet några gånger tills tofun känns torr, skär sedan i tjocka bitar. Blanda ihop sesamfröna, japansk kryddmix och majsmjöl i en skål. Spraya över tofun tills den är väl lagd. Avsätta.

b) Blanda ingredienserna till dressingen i en liten skål. Koka upp en kastrull med vatten till grönsakerna och värm de två oljorna i en stor stekpanna.

c) När stekpannan är väldigt varm, ta med tofun och stek i cirka 1 minut på varje sida tills den fått fin färg.

d) När vattnet kokar förbereder du broccolin och sockerärtorna i 2-3 minuter.

33. Butternut squash galette

Ingredienser:

- 1 1/2 dl dinkelmjöl.
- 6-8 salviablad.
- 1/4 dl kallt vatten.
- 6 matskedar kokosolja.
- Havssalt.

För fyllningen:

- 1 msk olivolja.
- 1/4 rödlök, tunt skivad.
- 1 msk salviablad.
- 1/2 rött äpple, mycket fint skivat.
- 1/4 butternut squash, skinnet borttaget och mycket fint skivat.
- 1 msk kokosolja, delad och bokad för topping.
- 2 msk salvia, reserverad för topping.
- Havssalt.

Vägbeskrivning:

a) Värm din ugn till 350 ° F.

b) Gör skorpan genom att tillsätta mjöl, havssalt och salviabladen i matkvarnen. Tillsätt gradvis kokosoljan och vattnet och pulsera regelbundet eftersom detta försiktigt smälter in i mjölet. Puls bara tillräckligt upp tills komponenterna integreras, 30 sekunder eller så.

c) Under tiden gör du fyllningen. Värm olivoljan i en liten panna på medelhög värme. Lägg i löken, en nypa salt, en tesked salviablad och fräs i cirka 5 minuter. Lägg detta åt sidan när du kavlar ut din deg till en cirkel, cirka 1/4 tum tjock.

d) Blanda squash och äpplen i en liten skål med en klick olivolja och havssalt. Lägg på butternutsquashen och äppelskivorna ovanpå löken (helt enkelt som du ser det på bilden).

e) Vik försiktigt kanterna på skorpan ovanpå squashens yttersidor. Lägg i små bitar av kokosoljan ovanpå galetten, tillsammans med salviabladen, och grädda i ugnen i 20-25 minuter, eller tills skorpan är flagnande och squashen är genomstekt.

34. Quinoa med currypasta

Ingredienser

- 2 matskedar av stjälken av den färska koriandern.
- 2 små nävar färska korianderblad.
- 6 vitlöksklyftor.
- 1 msk pulveriserad koriander.
- 1/2 msk pulveriserad spiskummin.
- 1-tums bit ingefära (utan skal).
- Saft av 1 lime.
- 1 st citrongrässtjälk
- 1/2 kopp schalottenlök eller vitlök.
- 1 tsk chiliflakes.
- Havssalt.
- grön curry

Vägbeskrivning:

a) Börja med att göra currypastan genom att bara blanda allt i matkvarnen tills det är väl blandat och malt ner till en pasta.

b) Nu till curryn - på medelhög/hög värme värm kokosoljan och löken i 5 minuter. Inkludera alla grönsaker, kokossocker, currypasta och 1/4 dl vatten och låt detta puttra med locket på i cirka 10 minuter.

c) Tillsätt mer vatten gradvis så att grönsakerna inte bränns. Så snart grönsakerna har kokat ner, inkludera kokosmjölken och 1 dl vatten och koka i ytterligare 10 minuter tills grönsakerna är helt kokta. Rör ner färsk limejuice, ytterligare korianderblad och, ledande över brunt ris eller quinoa!

35. Bakat rökigt morotsbacon

Ingredienser:

- 3 stora morötter.
- 2 msk rapsolja.
- 1 tsk vitlökspulver.
- 1 tsk rökt paprika.
- 1 tsk salt.

Vägbeskrivning:

a) Tvätta moroten (ingen krav på att skala) och dela på längden med en mandolin. Lägg morotsremsorna på en bakplåtspappersklädd plåt. Värm ugnen till 320 ° F. Rör ihop kvarvarande komponenter i en liten skål och pensla sedan morotsremsor på båda sidor.

b) Sätt in i ugnen i 15 minuter, eller när morotsstrimlorna är vågiga.

36. Lax över spaghetti squash

Ingredienser:

- ½ tsk femkryddspulver
- 1 tsk rivet apelsinskal
- ½ tsk socker
- ¼ tesked kosher salt
- ½ tsk nymalen svartpeppar
- Två 6-ounce laxfiléer
- 2 tsk dijonsenap
- 1 msk jordnötsolja
- 2 koppar rostad spaghetti squash
- 2 msk hackad färsk koriander

Vägbeskrivning:

a) Rör samman fem-kryddspulvret med apelsinskal, socker, salt och peppar i en liten skål. Gnid in båda sidorna av filéerna på vaxpapper. Pensla senap på filéerna.
b) Värm en stor stekpanna på medelhög värme och filma sedan botten med oljan. Stek filéerna i pannan, vänd bara en gång, tills de är knapriga och bruna på utsidan, totalt 5 till 8 minuter.
c) Dela under tiden squashen mellan två värmda middagstallrikar. Toppa med fiskfiléerna och garnera med koriander.

37. Squash Carbonara
(Total tid: 25 MIN| Servering: 3)

Ingredienser:

- 1 paket konjac jamnudlar (Shirataki)
- 2 äggulor
- 3 msk squashpuré
- 1/3 kopp parmesanost, riven
- ½ kopp tung grädde
- 2 msk ekologiskt smör
- 4 stycken pancetta
- ½ tsk torkad salvia
- Salta och peppra efter smak

Vägbeskrivning:

a) Koka upp vatten och blötlägg nudlarna i det i 3 minuter. Sila och ställ åt sidan.

b) Bryn pancettan på en het panna och hacka. Spara fettet från pancettan

c) Lägg de silade nudlarna på pannan som är tillagad för pancetta och koka i 5 minuter. Avsätta.

d) Smält smöret på medelvärme på en annan panna (stor) och låt det bryna. Tillsätt squashpurén och smaka av med salvia.

e) Häll den tunga grädden i pannan, tillsätt fettet från pancettan och rör om väl.

f) Tillsätt till sist parmesanosten i såsen och blanda väl. Sänk värmen till låg och rör om tills såsen tjocknar.

g) Lägg över nudlarna i pannan med såsen, knäck äggen och kombinera alla ingredienser.

38. Rostad tomatsås

Ingredienser:

- 10 tomater
- Gäng färsk basilika
- Vitlök, glödlampa
- Olivolja
- Salt och peppar

Vägbeskrivning:

a) Värm ugnen till 375 F.

b) Skär 10 tomater i halvor på längden

c) Tillsätt ett gäng färsk basilika.

d) Skär en hel vitlöksklyfta genom mitten och lägg varje halva med framsidan uppåt i ugnsformen.

e) Sänk ner tomaterna i olivolja och mal salt och peppar.

f) Rosta i ugnen i ca 1 timme och stäng sedan av ugnen i ytterligare 30 minuter och låt stå i den varma ugnen.

g) Ta ut tomaterna och låt svalna.

h) Blanda inte, eftersom du vill pressa ut fruktköttet och kärnorna ur skalet och slänga skalet, pressa vitlöken från klyftorna och släng höljena.

i) Mosa med en gaffel.

39. Ratatouille

Ingredienser:

- 2 stora brinjaler
- 1 stor lök
- 2 paprika (kan vara grön, röd och gul)
- 2 burkar hackade tomater
- 1 paket babymärg
- 1 punnet svamp
- 1 paket spenat
- 2 ¼ dl kycklingfond
- Salt och peppar
- 2 vitlöksklyftor (finhackad eller pressad)

Vägbeskrivning:

a) Finhacka alla ingredienser.

b) Tillsätt alla de finhackade grönsakerna, vitlöken och löken till fonden och koka på medium tills vattnet har minskat och grönsakerna har bildat en tjock läcker gryta.

c) Servera med 150g chunky keso, 30g cheddar eller 6 msk parmesanost

40. Blomkålsbaka

Ingredienser:

- 4 skivor bacon
- 2 koppar broccoli
- 2 dl blomkål
- 2 koppar svamp
- 1 grön paprika
- 1 lök
- 1 dl grädde
- 3 msk ost, riven
- 2 msk olivolja

Vägbeskrivning:

a) Värm ugnen till 360 F.

b) Ånga eller koka blomkålen och broccolin tills de är mjuka och lägg sedan över i en ugnssäker form.

c) Stek baconskivorna, med svamp, grön paprika och lök i 2 msk olivolja.

d) Häll det stekta baconet och svampen ovanpå blomkålen.

e) Vispa i en skål 4 ägg med grädden och smaka av och häll över blomkål eller broccoli.

f) Sätt in i ugnen för att tillaga i 25 minuter. Ta ut ur ugnen och strö över riven ost.

g) Sätt tillbaka i ugnen och tillaga i ytterligare 5 minuter.

41. Caulicake

Ingredienser:

- 1,3 lbs. blomkålsbuketter
- 1 lök, hackad
- 3 vitlöksklyftor, fint hackade
- 1 tsk gurkmeja
- 1 dl parmesanost, finriven
- 1 kopp mogen vit cheddarost, grovt riven
- 8 ägg
- 1-2 tsk salt
- 2 msk psylliumskal
- 1 kopp grädde
- 1 msk kokosolja
- sesamfrön
- Olivolja

Vägbeskrivning:

a) Värm ugnen till 360 F.

b) Ånga blomkålen. Behåll hälften av det hela och mosa resten.

c) Fräs löken, vitlöken, gurkmejan i kokosoljan tills den är mjuk. Avsätta.

d) Vispa äggen i en separat skål. Tillsätt grädde, ost, salt och psylliumskal.

e) Blanda blomkålen, hel och mosad med den sauterade löken och äggblandningen i en skål.

f) Klä en springform med smord bakplåtspapper och strö över sesamfrön. Placera formen på en bakplåt.

g) Häll i blomkålsblandningen och grädda i ugnen i 40 minuter.

h) Så fort den kommer ut ur ugnen, sticka lätt på ytan med en gaffel och ringla över olivolja.

42. Kryddade grönkål "köttbullar"

Servera: 8

Ingredienser:

- 4 matskedar olivolja
- 1 dl mandelmjöl
- 1 knippe grönkålsblad
- 1 grön chili, hackad
- 1/4 tsk rött chilipulver
- 1/4 tsk gurkmejapulver
- 1 tsk spiskumminfröpulver
- 1/4 tsk ingefära, finhackad
- Svart salt eller salt efter smak
- 1 tsk matlagningssoda eller bakpulver (valfritt)
- Vatten till smeten

Vägbeskrivning:

a) Blanda alla ingredienser i en skål.

b) Blanda och knåda smeten med fingret. Konsistensen ska inte vara för tjock eller för tunn. Gör en grönkål "köttbullar".

c) Hetta upp olja i en stekpanna. Lägg en grönkåls "köttbullar" i den heta oljan en efter en.

d) Stek några åt gången, samla inte ihop med för många. När de fått gyllene färg från ena sidan, vänd och stek på en annan sida.

e) Ta bort pommes fritesen med hålslev och lägg över absorberande servetter.

f) Servera varm.

43. Pumpa Carbonara

Sservering: 4

Ingredienser:

- 5 oz. Pancetta
- ¼ kopp kraftig grädde
- 2 msk smör
- ½ tsk Salvia, torkad
- Svartpeppar
- 1 paket Shirataki nudlar
- 2 äggulor
- 1/3 kopp parmesanost
- 3 msk pumpapuré
- Salt

Vägbeskrivning:

a) Koka upp en kastrull med vatten och tillsätt nudlar, koka i 3 minuter och låt rinna av. Torka helt och lägg åt sidan tills det behövs.

b) Hacka pancetta, värm stekpannan och koka pancetta tills den är knaprig. Spara olja och lägg pancetta åt sidan tills det behövs.

c) Hetta upp en liten gryta och tillsätt smör, koka tills det blir brunt och tillsätt sedan puré och salvia.

d) Tillsätt pancetta, fett och grädde, blanda ihop tills det är ordentligt blandat.

e) Värm pannan som hade i fett på hög låga och stek nudlar i 5 minuter.

f) Tillsätt ost till pumpablandningen, kombinera och sänk värmen; koka tills såsen blir tjock.

g) Tillsätt pancetta och nudlar till såsen, blanda sedan till äggulor och blanda ihop; koka i 3 minuter.

h) Tjäna.

44. En pott italiensk korvmåltid

Sservering: 2

Ingredienser:

- 1 msk lök
- $\frac{1}{4}$ kopp parmesanost
- $\frac{1}{2}$ tsk oregano
- $\frac{1}{4}$ teskedar salt
- 3 Korvlänkar
- 4 oz. Svampar
- $\frac{1}{4}$ kopp mozzarellaost (strimlad)
- $\frac{1}{2}$ tsk basilika
- $\frac{1}{4}$ teskedar röd paprikaflingor

Vägbeskrivning:

a) Sätt ugnen på 350 F.

b) Värm en gjutjärnspanna tills den börjar ryka, lägg sedan i korv och koka tills den nästan är klar.

c) Skiva lök och svamp och ta bort korven ur grytan och lägg i skivade grönsaker och koka i 3 minuter tills de är gyllene.

d) Skiva korv och lägg i stekpanna tillsammans med kryddor. Tillsätt parmesan och rör om.

e) Sätt pannan i ugnen och tillaga i 10 minuter, toppa sedan med mozzarella och koka tills osten smält.

f) Tjäna.

45. Broccolisallad

Ingredienser:

- 1 kopp broccoli
- 2 medelstora selleristjälkar
- 1/2 kopp svampbitar (stekta)
- 1/4 kopp körsbärstomater
- 1 msk olivolja
- 2 koppar sallad
- 1 msk balsamvinäger
- $\frac{1}{2}$ kopp pumpafrön rostade torra i en panna

Vägbeskrivning:

a) Lägg alla ingredienser i en skål, blanda och njut.

46. Bacon med ostliknande blomkålsmos

Ingredienser:

- 4 dl blomkålsbuketter, hackade
- 3 matskedar tung grädde
- ¼ teskedar vitlökspulver
- Salta och peppra efter smak
- 4 baconstrimlor, kokta och hackade
- 1 dl cheddarost, strimlad

Vägbeskrivning:

a) Blanda de hackade blomkålsbuketterna, grädden, smöret i en ugnssäker skål och krydda med vitlökspulvret, salt och peppar.
b) Ställ skålen i mikrovågsugnen och koka på hög temperatur i 20 minuter eller tills blomkålen är mjuk.
c) Häll den kokta blomkålen i en matberedare och tillsätt bacon och cheddarost.
d) Pulsera tills du får en slät konsistens.
e) Servera med en klick smör på toppen.

47. Krispig bakad tofu och Bok Choy sallad

Sservering: 3

Ingredienser:

För Tofu:

- 1 msk sojasås
- 1 msk vatten
- 1 msk risvinsvinäger
- 15 oz. extra fast tofu
- 1 msk sesamolja
- 2 tsk vitlök
- ½ citronsaft

Till sallad:

- 1 grön lök
- 3 msk kokosolja
- 1 msk sambal oelek
- ½ limejuice
- 9 oz. Bok Choy
- 2 msk koriander, hackad

- 2 msk sojasås
- 1 msk jordnötssmör
- 7 droppar steviavätska

Vägbeskrivning:

a) Slå in tofun i en ren trasa och pressa i 6 timmar tills den är torr.

b) Blanda sojasås, vatten, vinäger, citronsaft, sesamolja och vitlök i en skål och tärna tofun. Lägg i marinaden, täck med plast och ställ åt sidan i 30 minuter eller över natten om möjligt.

c) Sätt ugnen på 350 F. Använder bakplåtspapper för att fodra en bakplåt och placera marinerad tofu på plåten. Grädda i 35 minuter.

d) Förbered dig på att klä dig till sallad genom att kombinera alla ingredienser utom bok choy. Hacka bok choy fint och lägg i dressingen.

e) Toppa bok choy med bakad tofu och servera.

48. Gräddad spenat

Ingredienser:

- 2 dl spenat
- ½ liten lök, hackad
- ¼ koppar vatten
- 1/2 fondkub
- 1 vitlöksklyfta, hackad
- ¼ koppar tung grädde
- 2 msk smör
- Salta och peppra efter smak
- Ost (valfritt)

Vägbeskrivning:

a) Lägg spenat och lök i en kastrull med vatten och värm över medelhög eld.

b) Tillsätt buljongtärningen och vitlöken och låt ånga i 8-10 minuter eller tills allt vatten har avdunstat och spenaten är väldigt mjuk.

c) Häll i grädden och smöret och smaka av med salt och peppar. Koka tills det tjocknar.

d) Blanda spenaten med en stavmixer tills den är ganska slät.

e) Servera medan den är varm

49. Ostiga Zoodles med färsk basilika

Sservering: 3

Ingredienser:

- 2 koppar zucchininudlar (zoodles)
- 2 msk färsk hackad basilika
- 1/4 kopp pecorino Romano ost, rakad
- 1/4 kopp Grana Padano ost, riven
- 3 msk saltat smör
- 3 pressade vitlöksklyftor
- 1 tsk röd paprikaflingor
- 1 msk hackad röd paprika
- 1 msk kokosolja
- Salta och nyknäckt peppar efter smak

Vägbeskrivning:

a) Smält smör och kokosolja i en stekpanna på medelvärme. Tillsätt vitlök, hackad röd paprika och rödpepparflingor. Fräs endast i 1 minut.
b) Lägg i zoodles och låt koka i 1-2 minuter. Stäng av värmen och blanda med färsk basilika. Kasta lätt.
c) Lägg i Pecorino Romano ost och blanda.

d) Strö till sist över riven Grana Padano ost.
e) Servera omedelbart.

50. Veggie Burger Biffar

Ingredienser:

- 2 dl brysselkål
- 3 ekologiska ägg
- 1 dl parmesanost, riven
- 1 ½ getost
- ½ kopp salladslök, hackad
- 1/3 kopp mandelmjöl
- 1 dl parmesanost
- 1 ½ getost
- Salta och peppra efter smak

Vägbeskrivning:

a) Skölj brysselkålen noggrant och lägg i matberedaren för att strimla i bitar.
b) Lägg över brysselkålen i en skål och tillsätt parmesanost och mandelmjöl i skålen. Krydda med salt och peppar.
c) Vispa äggen i en annan skål och häll sedan över brysselkålsblandningen. Kombinera väl med händerna.
d) Skapa hamburgerbiffar, cirka 4 oz. varje och stek sedan i en smord gjutjärnspanna i cirka 2 minuter på varje sida, eller tills de är knapriga.

51. Kryddig blomkål med Sujuk-korv

Ingredienser:

- 4 dl fryst blomkål
- 8 oz. Sujuk-korvar i skivor (eller röd pastrami)
- 1 grön paprika, hackad
- 1 tsk Cajun-krydda
- 1/2 lök, hackad
- 2 msk finhackad vitlök
- 2 msk olivolja

Vägbeskrivning:

a) Fräs lök i olivolja i en stekpanna i 2-3 minuter.

b) Krama ur vätskan från hackad blomkål och tillsätt den i pannan. Fräs blomkålen med lök i 5-10 minuter.

c) Tillsätt Cajun-krydda och blanda. Lägg i hackade sujukkorvar eller pastrami och grön paprika.

d) Rör om och koka till ca 5 minuter. Överför till tallrikarna. Tjäna.

52.   Balsamisk brysselkål och bacon

Portioner: 4

Ingredienser:

- ¾ till 1 lb brysselkål
- 1 tsk olivolja
- 1 tsk balsamvinäger
- 2 skivor bacon, nitratfri
- 1 nypa salt och peppar efter smak

Vägbeskrivning:

a) Tvätta och putsa brysselkålen först. Klipp den hårda stjälken och ta bort eventuella skadade blad. Klappa dem torra.

b) Förvärm din airfryer till 380°F. i 3 minuter

c) I en medelstor skål, släng med olja och balsamvinäger.

d) Skär baconskivorna i en tums bitar. Lägg groddarna i air fryer-korgen och toppa med baconbitarna.

e) Luftsteka i 16-18 minuter, skaka korgen minst en gång under tillagningstiden.

f) Kontrollera om det är färdigt med en gaffel och lägg till ytterligare en minut eller två stektid om det behövs.

53. Vitlök Parmesan Rostade Rädisor

avkastning: 2 SERVERINGAR

Ingredienser:

- 12 oz. påse Rädisor, putsade och halverade
- 1 msk (16 g) olivolja, uppdelad
- 1 vitlöksklyfta, pressad
- Nypa koshersalt
- 2 msk riven parmesan
- 1/4 tsk röd paprika och persiljeflingor

Vägbeskrivning:

a) Skär rädisorna på mitten (fjärdedelar eventuella extra stora rädisor) och blanda med 1/2 matsked (8 g) olivolja. Lägg till rädisorna i en airfryer-korg och koka i 8 minuter vid 400°F.

b) Tillsätt de återstående 1/2 msk olivolja, pressad vitlök, salt, rödpeppar och persiljeflingor i samma skål. Rör ihop allt.

c) Efter 8 minuter i airfryern, tillsätt rädisorna tillbaka till skålen med olivoljeblandningen, blanda till en jämn beläggning. Tillsätt riven parmesan och rör ihop allt tills rädisorna är jämnt belagda med parmesan.

d) Lägg tillbaka rädisorna i airfryer-korgen och koka i ytterligare 68 minuter vid 400°F tills de är knapriga gyllenbruna.

54. Air Fryer Blomkål

Portioner: 4

Ingredienser:

- 3/4 matskedar varm sås, välj mild sås om du inte gillar den heta
- 1 msk avokadoolja
- Salt att smaka
- 1 medelstort blomkålshuvud skuren i bitar tvättat och helt torrt

Vägbeskrivning:
a) Förvärm airfryer till 400F / 200C

b) Blanda samman varm sås, mandelmjöl, avokadoolja och salt i en stor skål.

c) Tillsätt blomkålen och blanda tills den är täckt.

d) Tillsätt hälften av blomkålen i airfryern och fräs.

e) Se till att öppna airfryern och skaka frityrkorgen 23 gånger för att vända blomkålen. Ta bort och ställ åt sidan.

f) Tillsätt i andra omgången, men koka i 23 minuter mindre.

g) Servera varm med lite extra het sås till doppning.

55. Jicama Fries

Portioner 4

Ingredienser:

- 8 koppar Jicama (skalad, hackad i tunna tändstickor, 1/4 tum tjock och 3 tum lång)
- 2 msk olivolja
- 1/2 tsk vitlökspulver
- 1 tsk spiskummin
- 1 tsk havssalt
- 1/4 tsk svartpeppar
- 1/2 kopp cheddarost (strimlad)
- 1/4 kopp salladslök (hackad)

Vägbeskrivning:

a) Koka upp en stor kastrull med vatten på spisen. Tillsätt jicama-fritesen och koka i 12 till 15 minuter, tills de inte längre är krispiga.

b) När jicamaen inte är krispig längre, ta bort och klappa torr.

c) Sätt luftfriteringsugnen på 400 grader och låt den förvärmas i 2 till 3 minuter. Smörj luftfriteringsställen eller korgen som du ska använda.

d) Lägg pommes fritesen i en stor skål tillsammans med olivolja, vitlökspulver, spiskummin och havssalt. Kasta till beläggning.

56. Grönsakskabobs

Portioner: 6

Ingredienser:

- 1 kopp (75 g) knappsvamp
- 1 kopp (200 g) druvtomater
- 1 liten zucchini skuren i bitar
- 1/2 tsk mald spiskummin
- 1/2 paprika skivad
- 1 liten lök skuren i bitar (eller 34 små schalottenlök, halverade)
- Salt att smaka

Vägbeskrivning:
a) Blötlägg spetten i vatten i minst 10 minuter innan du använder dem.

b) Förvärm fritös till 390F / 198C.

c) Trä grönsaker på spetten.

d) Lägg spett i airfryer och se till att de inte rör vid varandra. Om fritöskorgen är liten kan du behöva klippa ändarna på spetten för att passa.

e) Koka i 10 minuter, vänd halvvägs genom tillagningstiden. Eftersom luftfritörens temperaturer kan variera, börja med kortare tid och lägg sedan till mer efter behov.

f) Överför veggie kabobs till en tallrik och servera.

57. Spaghetti squash

Serverar: 2

Ingredienser:

- 1 (2 lbs.) spaghetti squash
- 1 kopp vatten
- Koriander att servera
- 2 matskedar färsk koriander för att garnera (valfritt)
Anvisningar

Vägbeskrivning:
a) Dela squashen på mitten. Ta bort fröna från dess mitt.
b) Häll en kopp vatten i insatsen på Instant Pot och placera underlägget inuti.
c) Lägg de två halvorna av squashen över underlägget, med skinnsidan nedåt.
d) Fäst locket och välj "Manuell" med högt tryck i 20 minuter.
e) Efter pipljudet gör du en Natural release och ta bort locket.
f) Ta bort squashen och använd två gafflar för att strimla den inifrån.
g) Servera med kryddig fläskfyllning om det behövs.

58. Lönnglaserad brysselkål

Serverar: 4

Ingredienser:

- 1 pund brysselkål (putsad)
- 2 msk färskpressad apelsinjuice
- ½ tesked rivet apelsinskal
- ½ matsked Earth Balance smörigt pålägg
- 1 msk lönnsirap
- Salt och svartpeppar efter smak

Vägbeskrivning:
a) Tillsätt alla ingredienser i Instant Pot.
b) Fäst locket och välj funktionen "Manuell" i 4 minuter med högt tryck.
c) Gör en snabb släpp efter ljudet och ta sedan av locket.
d) Rör om väl och servera genast.

59. Limepotatis

Serverar: 2

Ingredienser:

- ½ msk olivolja
- 2 ½ medelstor potatis, skurad och tärnad
- 1 msk färsk rosmarin, hackad
- Nymalen svartpeppar efter smak
- ½ dl grönsaksbuljong
- 1 msk färsk citronsaft

Vägbeskrivning:
a) Lägg olja, potatis, peppar och rosmarin i Instant Pot.
b) "Sauté" i 4 minuter under konstant omrörning.
c) Tillsätt alla återstående ingredienser i Instant Pot.
d) Fäst locket och välj funktionen "Manuell" i 6 minuter med högt tryck.
e) Gör en snabb släpp efter ljudet och ta sedan av locket.
f) Rör försiktigt om och servera varm.

60. Brysselkål och tomatmix

Serverar: 4

Ingredienser:

- 1 lb brysselkål; trimmas
- 6 körsbärstomater; halveras
- 1/4 kopp salladslök; hackad.
- 1 msk olivolja
- Salta och svartpeppar efter smak

Vägbeskrivning:

a) Krydda brysselkålen med salt och peppar, lägg dem i din airfryer och koka vid 350 °F, i 10 minuter
b) Överför dem till en skål, tillsätt salt, peppar, körsbärstomater, salladslök och olivolja, blanda väl och servera.

61. Rädishash

Serverar: 4

Ingredienser:

- 1/2 tsk lökpulver
- 1/3 kopp parmesan; riven
- 4 ägg
- 1 pund rädisor; skivad
- 1/2 tsk vitlökspulver
- Salta och svartpeppar efter smak

Vägbeskrivning:
a) I en skål; blanda rädisor med salt, peppar, lök och vitlökspulver, ägg och parmesan och rör om väl
b) Överför rädisor till en panna som passar din airfryer och tillaga vid 350°F, i 7 minuter
c) Dela hasch på tallrikar och servera.

62. Svamp med örter och grädde

Serverar: 4

Ingredienser:

- 1 pund blandade svampar, tvättade och hackade
- 2 msk sockerfri sojasås
- Salta och peppra efter smak
- 1 msk olivolja
- 2 msk nyhackad persilja till servering
- 2 msk gräddfil till servering

Vägbeskrivning:
a) Förvärm din Air Fryer-maskin till 180 grader F
b) Lägg alla ingredienser i vakuumpåsen.
c) Förslut påsen, lägg den i vattenbadet och ställ in timern på 30 minuter.
d) När tiden är ute, servera genast med gräddfil och hackad persilja.

63. Sparris

Serverar: 4

Ingredienser:

- 1 pund sparris
- 1 vitlöksklyfta, finhackad
- 1 msk olivolja
- Saften av 1/2 citron
- Salta och peppra efter smak

Vägbeskrivning:
a) Förvärm din Air Fryer-maskin till 135 grader F
b) Lägg alla ingredienser i vakuumpåsen.
c) Förslut påsen, lägg den i vattenbadet och ställ in timern på 1 timme.
d) När tiden är ute, servera genast som tillbehör eller förrätt.

64. Smör morötter

Serverar: 4

Ingredienser:

- 1 pund små morötter, skalade
- 2 msk smör
- Salta och peppra efter smak
- 1 msk farinsocker

Vägbeskrivning:
a) Förvärm din Air Fryer-maskin till 185 grader F
b) Lägg alla ingredienser i vakuumpåsen.
c) Förslut påsen, lägg den i vattenbadet och ställ in timern på 1 timme.
d) När tiden är ute, servera genast som tillbehör eller förrätt.

65. Aubergine i asiatisk stil

Serverar: 4

Ingredienser:

- 1 pund aubergine, skivade
- 2 msk sockerfri sojasås
- 6 matskedar sesamolja
- 1 msk sesamfrön till servering Salt och peppar efter smak

Vägbeskrivning:
a) Förvärm din Air Fryer-maskin till 185 grader F
b) Lägg alla ingredienser i vakuumpåsen.
c) Förslut påsen, lägg den i vattenbadet och ställ in timern på 50 min.
d) När tiden är ute, bryn auberginema i gjutjärnspanna i ett par minuter.
e) Servera omedelbart beströdd med sesamfrön.

66. Smör majskolvar

Serverar:4

Ingredienser:

- 4 majsöron, tvättade och putsade
- 2 msk smör
- Salt att smaka
- 2-3 persiljekvistar

Vägbeskrivning:
a) Förvärm din Air Fryer-maskin till 185 grader F
b) Lägg majsöronen i vakuumpåsen, tillsätt smör, salt och persilja.
c) Förslut påsen, lägg den i vattenbadet och ställ in timern på 30 min.
d) När tiden är ute, ta bort persiljekvistar och servera majsen.

67. Kryddig kinesisk stil gröna bönor

Serverar: 4

Ingredienser:

- 1 pund långa gröna bönor
- 2 msk chilisås
- 2 vitlöksklyftor, hackade
- 1 msk lökpulver
- 1 msk sesamolja
- Salt att smaka
- 2 msk sesamfrön till servering

Vägbeskrivning:
a) Förvärm din Air Fryer-maskin till 185 grader F.
b) Lägg ingredienserna i vakuumpåsen.
c) Förslut påsen, lägg den i vattenbadet och ställ in timern på 1 timme.
d) Strö över bönorna med sesamfrön och servera.

68. Örtad aubergine och zucchinimix

Serverar: 4

Ingredienser:

- 1 aubergine; grovt kuberad
- 3 zucchinis; grovt kuberad
- 2 msk citronsaft
- 1 tsk timjan; torkas
- Salta och svartpeppar efter smak
- 1 tsk oregano; torkas
- 3 matskedar olivolja

Vägbeskrivning:
a) Lägg aubergine i en skål som passar din airfryer, tillsätt zucchinis, citronsaft, salt, peppar, timjan, oregano och olivolja, släng, lägg i din airfryer och koka i 360 °F, i 8 minuter
b) Dela mellan tallrikar och servera direkt.

69. Kokt Bok Choy

Serverar: 2

Ingredienser:

- 1 vitlöksklyfta, krossad
- 1 gäng bok choy, putsad
- 1 kopp eller mer vatten
- Salta och peppra efter smak

Vägbeskrivning:
a) Tillsätt vattnet, vitlöken och bok choy i Instant Pot.
b) Fäst locket och välj funktionen "Manuell" i 7 minuter med högt tryck.
c) Efter pipljudet, gör en Quick release och ta bort locket.
d) Sila av den kokta bok choyn och överför den till ett fat.
e) Strö lite salt och peppar ovanpå.
f) Tjäna.

70. Air Fryer Aubergine Fries

SERVERING: 2

Ingredienser
- 2 små auberginer
- 2 stora ägg
- 1 kopp fläsk panko
- ¼ kopp riven parmesanost
- 1 tsk vitlökspulver
- 1 tsk torkad persilja
- ½ tsk torkad oregano
- ½ tesked torkad basilika
- ¼ tesked torkad timjan
- ¼ tesked torkad rosmarin
- 2 tsk riven parmesanost
- uppvärmd marinarasås (för doppning)

Vägbeskrivning:

a) Skär stjälken och blomändarna från auberginema. Skala det lila skalet från auberginema.

b) Skiva den skalade auberginen i ½ tum (1,27 cm) tjocka skivor som är cirka 4-4½ tum (10-11 cm) långa. Försök att göra dem alla i ungefär samma storlek för jämnare tillagning. Att skära tjockare eller tunnare auberginestavar kommer att ändra luftfriteringstiden.

c) Vispa två ägg i en medelstor skål.

d) I en andra skål, rör ihop fläskpanko, ¼ kopp parmesanost, vitlökspulver, persilja, oregano, basilika, timjan och rosmarin.

e) Doppa varje auberginesteg i äggen och belägg den sedan i fläskpankoblandningen. Lägg pommes fritesen i ett beröringsfritt lager på dina air fryer-brickor. Täck alla pommes frites.

f) Tips: Träng inte ihop pommes fritesen på air fryer-brickorna! Koka dem i flera omgångar om det behövs.

g) Lägg auberginepармesan-fritesen i airfryern i 5 minuter vid 375°F (190°C). Byt sedan placeringen av brickorna i luftfriteringsugnen och tillaga ytterligare 5 minuter vid 375°F (190°C). Du ska inte behöva vända pommes fritesen.

h) Om auberginefritesen inte är tillräckligt möra i mitten vid det här laget byter du positionen på luftfriteringsbrickorna en gång till. Luftstek dem i 2-3 minuter till vid 375°F (190°C).

i) Strö auberginefritesen med de återstående 2 tsk parmesan. Låt dem svalna lite innan de serveras med varm marinarasås.

71. Air Fryer Kohlrabi Fries

AVKASTNING: 6

Ingredienser

- 1 lb. Extra virgin olivolja
- 2 matskedar Grovt Kosher Salt
- 1 tsk paprika
- 1 tsk vitlökspulver
- $\frac{1}{2}$ teskedar

Vägbeskrivning:

a) Använd en vass kockkniv för att skära av bladen från kålrabbiroten.

b) Skär bort det hårda ytterskalet från roten.

c) När roten är skalad ska den skivas i $\frac{1}{4}$" rundlar och sedan skäras i $\frac{1}{4}$" tjocka julienneskivor.

d) Lägg julienne-remsorna i en stor mixerskål.

e) Tillsätt resten av ingredienserna och rör om väl. Lägg hälften av pommes fritesen i air fryer-korgen och koka vid 350 F i 10 minuter.

f) Skaka korgen och koka sedan vid högre temperatur under en kortare tid, vilket är 6 minuter vid 400 F. Upprepa med de återstående pommes fritesen. T

72. Skivad gurka pickles

Gör ca 1 kopp

Ingredienser

- 1 kopp gurka, skuren i $\frac{1}{4}$-tums skivor
- 1 tsk Lökpulver
- 2 msk citronsaft

Vägbeskrivning

a) Blanda ingredienserna i en bunke. Lägg i en inläggningspress, under tryck.

b) Eller lägg en tallrik över blandningen i skålen och stapla tunga tallrikar ovanpå den.

c) Ställ åt sidan i rumstemperatur i ett dygn.

d) Detta håller sig i kylen i flera dagar.

73.   Kanderade Yams

Serverar 4

Ingredienser:

- 4 yams eller sötpotatis, skalad
- 1 eller 2 matskedar rå honung eller rå agavenektar

Vägbeskrivning

a) I en matberedare, med hjälp av S-bladet, bearbeta garnet tills det är slätt.

b) Tillsätt sötningsmedel lite i taget, bearbeta varje gång du lägger till, och smaka sedan av tills önskad sötma uppnås.

c) Var noga med att inte översöta.

74. Slaw fylld avokado

Portioner: 4

Ingredienser

- 2 dl strimlad rödkål
- 3/4 kopp riven morot
- 1/2 kopp rakad rödlök
- saft av 1 lime
- 2 avokado, halverade och urkärnade

Vägbeskrivning

a) I en medelstor skål, blanda ihop både kål, morot och rödlök

b) Häll limejuice över kålblandningen och blanda ihop.

c) Skotta försiktigt ett hål i varje avokadohalva. Fyll med slaw och njut!

75. Rå zucchinirullar

Portioner: 3

Ingredienser

- 1 medelstor zucchini
- 150 g cashew färskost
- 2 msk citronsaft
- 5 färska basilikablad
- näve valnötter

Vägbeskrivning

a) Blanda cashewost med citronsaft och nyhackad basilika i en skål.

b) Tillsätt en näve hackade nötter.

c) Använd en potatisskalare och skär ut långa remsor från zucchinin,

d) Lägg cirka 1 tesked ostmix på varje remsa.

e) Rulla zucchiniremsan över ostblandningen och garnera med färsk basilika.

76.   Cashew pesto fyllda svampar

Portioner 12 svampar

Ingredienser

- 10 oz. hela Cremini-svampar, mitten stjälkar borttagna
- 15-20 stora basilikablad
- saft och skal av 1 citron
- 2/3 kopp råa cashewnötter
- Svartpeppar efter smak

Vägbeskrivning

a) Kombinera basilika, citronsaft och cashewnötter i en matberedare eller mixer.

b) Krydda med peppar och mixa matberedare tills det är grovt hackat.

c) Mixa i cirka 30 sekunder tills peston är slät och krämig.

d) Lägg svamplocken med öppen sida upp på ett serveringsfat. Häll peston i svamplocken.

e) Toppa med citronskal och garnera med en hel cashewnöt.

77. Avokado Caprese sallad

Portioner: 6 portioner

Ingredienser

- 4 medelstora tomater
- 3 medelstora avokado
- 1 stort knippe färsk basilika
- 1 citron saftad

Vägbeskrivning

a) Skär avokadon runt ekvatorn och ta bort grop. Skär i rundor och ta sedan bort skalet.

b) Vänd lätt avokadoskivorna i citronsaft.

c) Skiva tomater.

d) Varva tomatskivor, avokadoskivor och basilikablad. Njut av!

78.   Raw Taco båtar

Portioner 4

Ingredienser

- 1 huvud romainesallat
- 1/2 kopp rå rödbethummus
- 1 dl halverade körsbärstomater
- 3/4 kopp tunt skivad rödkål
- 1 medelmogen avokado (tärnad)

Vägbeskrivning

a) Lägg upp salladsbåtar på ett serveringsfat och börja fylla med 1-2 matskedar (15-30 g) hummus.

b) Toppa sedan med tomater, vitkål och avokado.

79. Äppel Nachos

Utbyte: Portioner 1

Ingredienser

- 2 valfria äpplen
- ⅓ kopp naturligt nötsmör
- liten näve strimlad kokos
- strö över kanel
- 1 msk citronsaft

Vägbeskrivning

a) Äpplen: Tvätta, kärna ur och skär dina äpplen i $\frac{1}{4}$ tums skivor.

b) Lägg äppelskivorna i en liten skål med citronsaften, rör om.

c) Nötsmör: Värm ditt nötsmör bara tills det är varmt och något rinnande.

d) Ringla nötsmöret i en cirkelrörelse, från mitten av plåten till ytterkanten.

e) Toppa med kokosflingor och strö över kanel.

80. Raw No-Köttbollar

Ingredienser

- 1 kopp råa solrosfrön
- ½ kopp + 1 msk rått mandelsmör
- 4 soltorkade tomater, blötlagda
- 3 msk färsk basilika, strimlad
- 1 tsk nötolja

Vägbeskrivning

a) Kombinera alla ingredienser i matberedare och mixa tills blandningen når en konsistens som liknar köttfärs.

b) Skopa ur blandningen i råga teskedar och forma varje köttbulle.

c) Denna blandning kan serveras som bollar över rå zucchinipasta.

d) Den passar också bra med marinarasås, cashewgräddfil eller pesto!

81. Rå morotspasta

Serverar: 6

Ingredienser:
- 5 stora morötter, skalade och spiralformade
- 1/3 kopp cashewnötter
- 2 matskedar färsk koriander, hackad
- 1/3 kopp ingefära-lime jordnötssås eller någon råsås

Vägbeskrivning

a) Lägg alla morotsnudlar i en stor serveringsskål.

b) Häll ingefära-lime-jordnötsåsen över nudlarna och blanda försiktigt ihop

c) Servera med cashewnötter och nyhackad koriander.

82. Zucchinipasta

Ingredienser:

- 1 zucchini
- 1 kopp tomater
- 1/2 dl soltorkade tomater
- 1,5 medjool dadlar

Vägbeskrivning

a) Skär zucchinin i nudelformer med hjälp av en spiralizer eller en julienneskalare.

b) Mixa resten av ingredienserna i en snabbmixer och blanda ihop.

83.   Shiitake svampsoppa

Ger 6 portioner

Ingredienser

- 6 dl torkad shiitakesvamp
- 10 koppar vatten
- 2 matskedar nama shoyu
- 1 msk färsk hackad gräslök

Vägbeskrivning

a) Lägg svampen och vattnet i en stor behållare och ställ i kylen, täckt, i cirka 8 timmar.

b) När du är klar, häll av svampvattnet i en annan skål eller behållare.

c) Rör ner nama shoyu i svampbuljongen.

d) Ta bort och släng stjälkarna från svampen och hacka locken.

e) Tillsätt den hackade svampen i buljongen och toppa med den hackade gräslöken.

84. Blomkålsbroccoli 'ris'

Serverar: 2-3 portioner

Ingredienser

- 1 blomkålshuvud
- 2 dl broccoli, hackad
- 3 salladslökar
- $\frac{3}{4}$ kopp paprika, hackad
- $\frac{1}{4}$ kopp edamame

Vägbeskrivning

a) Dela blomkålen i buketter och skölj väl.

b) Skär buketter i mindre bitar och lägg några nävar i matberedare åt gången.

c) Pulsera i ca 5-10 sekunder, om du använder en mixer tryck ner blomkålen med tamper.

d) Häll blomkålsblandningen i en skål och rör ner resten av ingredienserna.

e) Låt sitta i minst 30 minuter, rör om då och då.

85. Zucchininudlar med pumpafrön

Serverar 1-2

Ingredienser

- 2 små zucchinis
- 1/4 kopp råa pumpafrön
- 2 msk näringsjäst
- 1/4 dl basilikablad/andra färska örter
- Så mycket nötmjölk eller vatten som behövs

Vägbeskrivning

a) För att göra nudlarna, skiva zucchini på en mandolin eller spiralskärare. Ställ åt sidan i en stor skål.

b) För att göra såsen, blanda alla ingredienser tills den är slät (tillsätt långsamt vatten eller nötmjölk).

c) Massera in såsen i nudlarna tills den är jämnt täckt.

d) Låt dem vila en minut för att mjukna och marinera.

86. Citron-persiljamarinerade svampar

GÖR 1

Ingredienser

- 6 c. vita knappsvampar
- $\frac{1}{2}$ av 1 söt vit lök
- $\frac{1}{2}$ c. hackad persilja
- $\frac{1}{4}$ c. citron juice
- $\frac{1}{4}$ c. nötolja

Vägbeskrivning

a) Blanda alla ingredienser till marinaden i en liten skål.

b) Hacka all svamp ca $\frac{1}{4}$" tjock och lägg i en stor skål.

c) Häll marinaden över ingredienserna och blanda tills allt är ordentligt täckt.

d) Töm svampen i en 1-liters Ziploc fryspåse och krama ut så mycket luft du kan.

e) Kyl svampen i minst 4 timmar. Ungefär en gång i timmen, ta bort påsen och vänd på den för att flytta runt ingredienserna lite.

f) När tillräckligt med tid har gått, ta ut dem från kylen, servera och njut.

87. Veganska vårrullar

Portioner 4 portioner

Ingredienser

- 6 rispappersomslag
- 1 morot i julien
- 1/2 medelstor gurka i julien
- 1 röd paprika i julien
- 100 gram eller 1 dl rödkål skivad

Vägbeskrivning

a) Börja med att blötlägga rispappret enligt instruktionerna på förpackningen.

b) Förbered alla grönsaker innan du sätter ihop rullarna.

c) Lägg ditt första omslag på en skärbräda och lägg en liten del av dina grönsaksskivor väldigt tätt

d) Rulla allt hårt, precis som en burrito, vik in sidorna på rispappersrullen halvvägs.

e) Skär varje rulle i halvor och servera.

88. Pumpa Curry med kryddiga frön

Ingredienser

- 3 dl pumpa – hackad i 1-2 cm bitar
- 2 matskedar olja
- ½ matsked senapsfrön
- ½ matsked spiskummin
- Nyp asafetida
- 5-6 curryblad
- ¼ matsked bockhornsklöver frön
- 1/4 matsked fänkålsfrön
- 1/2 msk riven ingefära
- 1 matsked tamarindpasta
- 2 msk – torr, mald kokos
- 2 msk rostade jordnötter
- Salt och farinsocker eller jaggery efter smak
- Färska korianderblad

Vägbeskrivning

a) Hetta upp oljan och tillsätt senapsfröna. När de poppar tillsätt spiskummin, bockhornsklöver, asafetida, ingefära, curryblad och fänkål. Koka i 30 sekunder.

b) Tillsätt pumpa och salt. Tillsätt tamarindpastan eller vatten med fruktkött inuti. Tillsätt jaggery eller farinsocker. Tillsätt mald kokos och jordnötspulver. Koka ytterligare några minuter. Tillsätt färsk hackad koriander.

89. Tamarind fisk curry

Serverar 4

Ingredienser
- 1 1/2 pund, sik, skuren i bitar
- 3/4 tsk och 1/2 tsk gurkmejapulver
- 2 tsk tamarindmassa, blötlagd i 1/4 kopp varmt vatten i 10 minuter
- 3 matskedar vegetabilisk olja
- 1/2 tsk svarta senapsfrön
- 1/4 tsk bockhornsklöver frön
- 8 färska curryblad
- stor lök, finhackad
- Serrano grön chili, kärnade och malda
- små tomater, hackade
- 2 torkade röda chili, grovt bankade
- 1 tsk korianderfrön, grovt stansade
- 1/2 kopp osötad torkad kokosnöt
- Bordssalt efter smak
- 1 kopp vatten

Vägbeskrivning
a) Lägg fisken i en skål. Gnid in väl med 3/4 tsk gurkmeja och ställ åt sidan i cirka 10 minuter. Skölj och klappa torrt.
b) Sila av tamarinden och ställ vätskan åt sidan. Kassera återstoden.
c) Värm vegetabilisk olja i en stor stekpanna. Tillsätt senapsfröna och bockhornsklöverfrön. När de börjar

spritsa, tillsätt curryblad, lök och grön chili. Fräs i 7 till 8 minuter eller tills löken är väl brynt.

d) Tillsätt tomaterna och koka i ytterligare 8 minuter eller tills oljan börjar separera från sidorna av blandningen. Tillsätt den återstående 1/2 tsk gurkmeja, röd chili, korianderfrön, kokos och salt; blanda väl och koka i ytterligare 30 sekunder.

e) Tillsätt vattnet och den silade tamarinden; koka upp. Sänk värmen och tillsätt fisken. Koka på låg värme i 10 till 15 minuter eller tills fisken är helt genomstekt. Servera varm.

90. Okra Curry

Ingredienser

- 250g okra (ladies finger) - skär i bitar på en cm
- 2 msk riven ingefära
- 1 msk senapsfrön
- 1/2 msk spiskumminfrön
- 2 matskedar olja
- Salt att smaka
- Nyp asafetida
- 2-3 msk rostat jordnötspulver
- Korianderlöv

Vägbeskrivning

a) Hetta upp oljan och tillsätt senapsfröna. När de poppar tillsätt spiskummin, asafetida och ingefära. Koka i 30 sekunder.

b) Tillsätt okra och salt och rör om tills det är kokt. Tillsätt jordnötspulvret, koka i ytterligare 30 sekunder.

c) Servera med korianderblad.

91. Vegetabilisk kokos curry

Ingredienser
- 2 medelstora potatisar, skurna i tärningar
- 1 1/2 dl blomkål – skär i buketter
- 3 tomater r hackade i stora bitar
- 1 matsked olja
- 1 msk senapsfrön
- 1 msk spiskummin
- 5-6 curryblad
- Nyp gurkmeja – valfritt
- 1 msk riven ingefära
- Färska korianderblad
- Salt att smaka
- Färsk eller torkad kokos – strimlad

Vägbeskrivning

a) Hetta upp oljan och tillsätt sedan senapsfröna. När de poppar tillsätt de återstående kryddorna och koka i 30 sekunder.

b) Tillsätt blomkålen, tomaten och potatisen plus lite vatten, täck över och låt sjuda, rör om då och då tills det är kokt. Det bör finnas lite vätska kvar. Vill du ha en torr curry så stek några minuter tills vattnet har avdunstat.

c) Tillsätt kokos, salt och korianderblad.

92. Grundläggande grönsakscurry

Ingredienser:

- 250 g grönsaker - hackade
- 1 tsk olja
- ½ tsk senapsfrön
- ½ tesked spiskummin
- Nyp asafetida
- 4-5 curryblad
- ¼ tesked gurkmeja
- ½ tsk korianderpulver
- Nyp chilipulver
- Riven ingefära
- Färska korianderblad
- Socker / jaggery och salt efter smak
- Färsk eller torkad kokos

Vägbeskrivning

a) Skär grönsaker i små bitar (1-2 cm) beroende på grönsak.

b) Hetta upp oljan och tillsätt sedan senapsfröna. När de poppar tillsätt spiskummin, ingefära och resterande kryddor.

c) Tillsätt grönsakerna och koka upp. Vid det här laget kanske du vill steka grönsakerna tills de är kokta eller tillsätt lite vatten, täck grytan och låt puttra.

d) När grönsakerna är kokta tillsätt eventuellt socker, salt, kokos och koriander

93. Black Eye Bean och Coconut Curry

Ingredienser

- ½ kopp svarta ögonbönor, grodda om möjligt
- 2 koppar vatten
- 1 matsked olja
- 1 msk senapsfrön
- 1 matsked spiskummin
- 1 matsked asafetida
- 1 msk riven ingefära
- 5-6 curryblad
- 1 msk gurkmeja
- 1 msk korianderpulver
- 2 tomater – hackade
- 1-2 matskedar. rostat jordnötspulver
- Färska korianderblad
- Färsk kokos, riven
- Socker och salt efter smak

Vägbeskrivning

a) Blötlägg bönorna i vatten i 6–8 timmar eller över natten. Koka bönorna i en tryckkokare eller koka i en kastrull.

b) Hetta upp oljan och tillsätt senapsfröna. När de poppar tillsätt kumminfrön, asafetida, ingefära, curryblad, gurkmeja och korianderpulver. Tillsätt rostat jordnötspulver och tomater.

c) Tillsätt bönorna och vattnet. Fortsätt att röra då och då tills det är genomstekt.

d) Tillsätt mer vatten om det behövs. Tillsätt socker och salt efter smak, garnera med korianderblad och kokos.

94. Kål Curry

Ingredienser

- 3 dl kål - strimlad
- 1 tsk olja
- 1 tsk senapsfrön
- 1 tsk spiskummin
- 4-5 curryblad
- Nyp gurkmeja r valfritt
- 1 tsk riven ingefära
- Färska korianderblad
- Salt för smak
- Valfritt - ½ kopp gröna ärtor

Vägbeskrivning

a) Hetta upp oljan och tillsätt sedan senapsfröna. När de poppar tillsätt de återstående kryddorna och koka i 30 sekunder.

b) Tillsätt kålen och andra grönsaker om du använder, rör om då och då tills den är genomkokt. Vid behov kan vatten tillsättas.

c) Tillsätt salt efter smak och korianderblad.

95. Blomkålscurry

Ingredienser

- 3 dl blomkål – skär i buketter
- 2 tomater – hackade
- 1 tsk olja
- 1 tsk senapsfrön
- 1 tsk spiskummin
- Nyp gurkmeja
- 1 tsk riven ingefära
- Färska korianderblad
- Salt att smaka
- Färsk eller torkad kokos – strimlad

Vägbeskrivning

a) Hetta upp oljan och tillsätt sedan senapsfröna. När de poppar tillsätt de återstående kryddorna och koka i 30 sekunder. Om du använder, tillsätt tomaterna nu och koka i 5 minuter.

b) Tillsätt blomkålen och lite vatten, täck över och låt sjuda, rör om då och då tills det är genomstekt. Önskas en torrare curry, så under de sista minuterna ta av locket och stek. Tillsätt kokos under de sista minuterna.

96. Potatis, blomkål och tomatcurry

Ingredienser:

- 2 medelstora potatisar, skurna i tärningar
- 1 1/2 dl blomkål, skuren i buketter
- 3 tomater r hackade i stora bitar
- 1 tsk olja
- 1 tsk senapsfrön
- 1 tsk spiskummin
- 5-6 curryblad
- Nyp gurkmeja – valfritt
- 1 tsk riven ingefära
- Färska korianderblad
- Färsk eller torkad kokos – strimlad

Vägbeskrivning

a) Hetta upp oljan och tillsätt sedan senapsfröna. När de poppar tillsätt de återstående kryddorna och koka i 30 sekunder.

b) Tillsätt blomkålen, tomaten och potatisen plus lite vatten, täck över och låt sjuda, rör om då och då tills det är kokt. Tillsätt kokos, salt och korianderblad.

97. Pumpa Curry

Ingredienser:

- 3 dl pumpa – hackad i 1–2 cm bitar
- 2 tsk olja
- ½ tsk senapsfrön
- ½ tesked spiskummin
- Nyp asafetida
- 5-6 curryblad
- ¼ tesked bockhornsklöver frön
- 1/4 tsk fänkålsfrön
- 1/2 tsk riven ingefära
- 1 tsk tamarindpasta
- 2 msk – torr, mald kokos
- 2 msk rostade jordnötter
- Salt och farinsocker eller jaggery efter smak
- Färska korianderblad

Vägbeskrivning

a) Hetta upp oljan och tillsätt senapsfröna. När de poppar tillsätt spiskummin, bockhornsklöver, asafetida, ingefära, curryblad och fänkål. Koka i 30 sekunder.

b) Tillsätt pumpa och salt.

c) Tillsätt tamarindpastan eller vatten med fruktkött inuti. Tillsätt jaggery eller farinsocker.

d) Tillsätt mald kokos och jordnötspulver. Koka ytterligare några minuter.

e) Tillsätt färsk hackad koriander.

98. Woka i grönsaker

Ingredienser:

- 3 koppar hackade grönsaker
- 2 tsk riven ingefära
- 1 tsk olja
- ¼ tesked asafetida
- 1 msk sojasås
- Färska kryddor

Vägbeskrivning

a) Hetta upp oljan i en panna. Tillsätt asafetida och ingefära. Stek i 30 sekunder.

b) Tillsätt de grönsaker som behöver koka längst som potatis och morot. Stek i en minut och tillsätt sedan lite vatten, täck över och låt sjuda tills det är halvkokt.

c) Tillsätt resterande grönsaker som tomat, majs och grön paprika. Tillsätt soja, socker och salt. Täck över och låt sjuda tills nästan kokat.

d) Ta av locket och fräs ytterligare några minuter.

e) Tillsätt de färska örterna och låt det stå några minuter så att örterna blandas med grönsakerna.

99. Vit kalebass curry

Ingredienser:

- 250 grams vit kalebass
- 1 tsk olja
- ½ tsk senapsfrön
- ½ tesked spiskummin
- 4-5 curryblad
- Nyp gurkmeja
- Nyp asafetida
- 1 tsk riven ingefära
- 1 till 2 matskedar rostat jordnötspulver
- Farinsocker och salt efter smak

Vägbeskrivning

a) Hetta upp oljan och tillsätt senapsfröna. När de poppar tillsätt kummin, curryblad, gurkmeja, asafetida och ingefära. Koka i 30 sekunder.

b) Tillsätt den vita pumpan, lite vatten, täck och låt sjuda, rör om då och då tills den är kokt.

c) Tillsätt det rostade jordnötspulvret, sockret och saltet och koka ytterligare en minut.

100. Rostade rotfrukter och sorghum

Serverar 8

Ingredienser
- 1 kopp pärllök, skalad
- 16 babymorötter, skalade och halverade på längden (ca 1 pund)
- 12 kålrot, skalade och halverade på längden (ca 1 pund)
- 2 tsk kokosolja
- 2 msk sorghum
- 2 msk cidervinäger
- 1 msk hackad färsk gräslök
- ½ tsk kosher salt
- ¼ tesked mald svartpeppar
- Nyp sesamfrön

Vägbeskrivning
a) Värm ugnen till 450°.
b) Lägg lök, morötter och kålrot på en panna.
c) Ringla över kokosolja och blanda försiktigt för att täcka. Grädda i 15 minuter.
d) Kombinera sorghum och vinäger. Ringla hälften av sorghumblandningen över morotsblandningen och rör försiktigt för att täcka.
e) Grädda ytterligare 15 minuter eller tills grönsakerna är mjuka. Ringla över resterande sorghumblandning.

f) Strö jämnt över hackad färsk gräslök, salt, sesamfrön och nymalen svartpeppar.

SLUTSATS

Behöver du lite hjälp med att äta mer grönsaker? Den här boken lyfter fram de vanligaste metoderna för att laga grönsaker, som alla är hälsosamma sätt att förbereda grönsaker som faktiskt smakar gott! Säg adjö till blöta, intetsägande grönsaker och hej till din nya favoritmatgrupp!

www.ingramcontent.com/pod-product-compliance
Lightning Source LLC
Chambersburg PA
CBHW070658120526
44590CB00013BA/1012